P

www.ingramcontent.com/pod-product-compliance
Lightning Source LLC
Chambersburg PA
CBHW070658220526
45466CB00001B/491
9781701353077